GUÍA DE LECTURA

Escrita por Sybille Mortier
Traducida por Tamara Montes Blanco

Juego de tronos

de George R. R. Martin

Entiende fácilmente la literatura con

ResumenExpress.com

www.resumenexpress.com

PARA IR MÁS ALLÁ 21

GEORGE R. R. MARTIN

EL AUTOR «SÁDICO»

- **Nacido en 1948 en Bayona, en Nueva Jersey (Estados Unidos)**
- **Algunas de sus obras:**
  - *Sueño del Fevre* (1982), novela
  - *El rag del Armagedón* (1983), novela
  - Serie *Canción de hielo y fuego* (desde 1996), novelas

Editor y guionista de series de televisión, George Raymond Richard Martin es ante todo escritor. Escribe generalmente relatos o novelas cortas de ciencia ficción o de fantasía. Con *Canción de hielo y fuego* (*A Song of Ice And Fire* en inglés), su primera historia de envergadura, se lleva rápidamente el apodo del «Tolkien americano», tanto por la amplitud de su saga como por la riqueza de su universo.

Una de las grandes particularidades de esta serie es el carácter mortal de los personajes. De hecho, al revés que en la mayoría de novelas de fantasía en las que los héroes, incluso cuando se encuentran en una situación de peligro, consiguen salir adelante, los de Martin no se benefician de tal invulnerabilidad. Sucede así que un personaje importante fallece a lo largo de la trama, a pesar de que el lector estuviera convencido de que se trataba de un personaje clave. De este modo, el autor desea llevar al lector a estremecerse de miedo cada vez que uno de sus héroes está en peligro. Esto hará que muchos lectores lo califiquen como «sádico».

JUEGO DE TRONOS

CANCIÓN DE HIELO Y FUEGO

- **Género:** fantasía
- **Edición de referencia:** Martin, R. R. George. 2011. *Juego de tronos*. Traducción de Cristina Macía. Barcelona: Gigamesh
- **Primera edición:** 2002
- **Temáticas:** familia, honor, guerra, poder, criaturas fantásticas, leyendas, amor, pasión, traición

El primer tomo de la saga *A Song of Ice and Fire*, *A Game of Thrones* (a menudo abreviado AGOT) se publica en agosto de 1996 y cosechar poco a poco un gran éxito. Recibe el premio estadounidense Locus a la mejor novela fantástica en 1997 y el premio español Ignotus a la mejor novela extranjera en 2003. En Francia, la saga se renombra *Le Trône de fer* («El trono de hierro») y los volúmenes originales se dividen varios tomos. De este modo, la traducción de Jean Sola aparece en dos obras: *Le Trône de fer* (1998) y *Le Donjon rouge* («La fortaleza roja») (1999). Los lectores francófonos se quejarán mucho de esta separación, percibida como lucrativa.

Juego de tronos es también muy conocido por la adaptación televisiva que realiza la cadena americana HBO desde 2011. Aunque las dos primeras temporadas respetan, más o menos, las novelas, la serie se va alejando de ellas para responder mejor a las exigencias de la narración cinematográfica.

RESUMEN

La trama que transcurre en el primer tomo de la célebre serie se desarrolla en un universo medieval que parece muy realista: en la nación de los Siete Reinos, en el continente de Poniente, una familia, los Baratheon, tomó el poder hace quince años. De esta manera, forzó a la dinastía derrotada de los Targaryen a exiliarse en Essos, el continente de las Ciudades Libres, y sometió a las otras siete grandes casas del reino. Los Stark ocupan el norte; los Arryn están al este; los Lannister, al oeste; los Tully, en el centro, etc. En el extremo norte del territorio se eleva un gigantesco muro que protege a los habitantes de Poniente de las invasiones de salvajes y de criaturas legendarias (gigantes, caminantes blancos, etc.). El trono de hierro simboliza el poder que ostenta el soberano que reina desde Desembarco del Rey.

MÁS ALLÁ DEL MURO

En la frontera norte de los Siete Reinos, los hermanos de la Guardia de la Noche tienen la misión de retener a los salvajes, así como a los monstruos, que sin embargo desaparecieron hace varias generaciones y en los que ya nadie cree. Mientras tres hermanos que visten el negro están a la caza de rebeldes más allá del Muro, se dan cuenta de que las criaturas de las que hablan las leyendas, los Otros, están bien vivas.

EN PONIENTE, LOS SIETE REINOS

En el norte de Poniente, en Invernalia, reina la casa Stark. El

Guardián del Norte, Lord Eddard —Ned para sus amigos— aplica la justicia del rey de los Siete Reinos. Cuando sus hijos descubren varios lobeznos huérfanos, cada uno se queda con uno de ellos. Son, además, el emblema de la casa Stark.

Un día, Ned se entera del asesinato de Jon Arryn, la Mano del Rey, así como de la visita del rey Robert Baratheon y de la reina Cersei Lannister a Invernalia. Este lo designa su nuevo consejero y sella el contrato concediendo la mano de su hijo mayor y heredero del trono, Joffrey, a la hija mayor de Ned, Sansa. Lord Eddard se prepara entonces para partir hacia el sur con sus hijas, Sansa y Arya, y su hijo Bran. Rickon es demasiado joven aún y Robb, el mayor, debe hacerse cargo de Invernalia. Sin embargo, aún no han abandonado el lugar para dirigirse a la capital cuando Bran sorprende a la reina Cersei retozando con su hermano gemelo, Jaime. Para que no diga nada, Jaime lo tira por la ventana: si el niño sobrevive a la caída, quedará parapléjico para siempre. Como está en coma cuando llega la hora de marchar hacia Desembarco del Rey, se queda en Invernalia. En cuanto a Jon Nieve, el bastardo de Ned, se alista en la Guardia de la Noche, ya que su estatus no le permite ni seguirlo a la corte ni quedarse en la casa Stark.

Mientras que Sansa aprecia el ambiente de la reina, la princesa y el príncipe; Arya prefiere perfeccionarse en el arte del manejo de la espada con un joven carnicero. Su hermana y Joffrey la sorprenden en pleno entrenamiento y este se divierte amenazando al chico con su espada. Para proteger a su amigo, Arya lanza a su loba Nymeria contra el príncipe antes de huir. Para vengarse de la afrenta sufrida por su hijo, la reina Cersei fuerza a Ned a ejecutar a Lady, la loba de Sansa, en lugar de a Nymeria, que se ha escapado.

En Invernalia, un hombre intenta asesinar a Bran, que sigue inconsciente. Por suerte, su lobo Verano (*Summer* en inglés), lo salva. Catelyn, la mujer de Ned, decide caminar hacia la capital para descubrir quién ha ordenado el asesinato. Durante la ausencia de su madre, Bran se despierta y hace frente a su discapacidad. En Desembarco del Rey, Catelyn se entera de que el puñal que se utilizó contra su hijo es el de Tyrion Lannister, el hermano menor de la reina.

Por su lado, Ned lleva a cabo una investigación para desentrañar el misterio que rodea el asesinato de Jon Arryn. De este modo, se da cuenta de que los hijos de la reina no son de Robert, sino que son fruto de uniones incestuosas entre la reina y su hermano gemelo. Entonces comprende que este secreto es la causa de la muerte de la precedente Mano del Rey, así como de la tentativa de asesinato de Bran.

En el camino que la lleva a Invernalia, Catelyn se cruza con Tyrion. Entonces, hace que lo arresten y que lo lleven a Nido de Águilas, donde reside su hermana Lysa, viuda de Jon Arryn, para que sea juzgado. El prisionero pide un juicio por combate: su campeón lo gana y Tyrion es liberado. La noticia de su captura empuja mientras tanto a su padre, Tywin Lannister, a partir en guerra contra los Tully, la familia de Catelyn.

El rey Robert, que se entera del embarazo de Daenarys Targaryen, hija del rey precedente y de entonces casi trece años, decide hacer que la asesinen por miedo a que el hijo que está por nacer reivindique su trono. Ned, que no puede aceptar la muerte de un niño, se opone y entrega su insignia de Mano. Cuando se dispone a volver a Invernalia, es atacado por Jaime Lannister, que busca vengar a su hermano capturado. Durante la confrontación, Ned se rompe la pierna y pierde el conocimiento.

Cuando se despierta, Robert le devuelve su insignia y lo amenaza con dársela a Jaime Lannister si osa volvérsela a quitar. Ned, temiendo que el rey mate a sus propios hijos al enterarse de que no son suyos, aconseja a la reina que huya para evitar una masacre. Ella se niega y hace que asesinen a Robert durante una cacería, maquillando el acto como si fuera un accidente. Ned revela entonces la verdad a la corte, pero se le arresta por traidor, mientras Joffrey sube al trono. Este designa a Tywin Lannister, su abuelo, como nueva Mano. Después, los ambiciosos Lannister capturan a Sansa; Arya, por su lado, consigue escapar. Una vez puesto al corriente de la situación en Desembarco del Rey, el hijo mayor de Ned, Robb, llama a las armas a sus vasallos y parte en guerra contra los Lannister con la esperanza de liberar a su padre y a sus hermanas.

Mientras tanto, en el Muro, Jon pronuncia sus votos cuando su lobo descubre dos cadáveres. En el transcurso de esta misma noche, uno de ellos revive y ataca al Lord Comandante de La Guardia. Jon lo salva por los pelos.

Paralelamente, Tyrion llega al campamento del ejército de su padre y participa en el combate contra una partida del ejército de Robb. Aunque ganan la batalla, se dan cuenta de que se trata de una diversión de su enemigo: el grueso del ejército ha atacado al batallón de Jaime Lannister y ha hecho prisionero a este último.

En Desembarco del Rey, Sansa pide a Joffrey que perdone la vida a su padre. Este acepta con la condición de que Ned confiese haber mentido y se arrodille ante él. A pesar de las confesiones del valiente hombre, Joffrey hace que lo ejecuten igualmente. Tywin no tarda en enviar a su hijo menor, Tyrion, a Desembarco del Rey para gobernar en su lugar como Mano y meter al joven rey en vereda. Los norteños finalmente, locos de rabia, se niegan a someterse a Joffrey y nombran a Robb Rey en el Norte.

AL OTRO LADO DEL ESTRECHO, EN ESSOS, EN LAS CIUDADES LIBRES

En el continente de las Ciudades Libres, Daenerys Targaryen y su hermano Viserys, los herederos legítimos del trono, intentan reunir un ejército para retomar el control de los Siete Reinos, usurpado a su padre Aerys quince años antes. Viserys vende así a su hermana a un jefe dothraki, llamado Khal Drogo, a cambio de 10 000 soldados. El matrimonio forzado tiene lugar poco después y Dany (otro nombre de Daenerys) recibe como regalo tres huevos de dragón.

Mientras esta última se acostumbra a la vida en el seno del khalasar, la comunidad de su marido, Viserys no para de quejarse de no haber recibido los guerreros que se le prometieron. Dany queda embarazada, y su hermano, cansado de esperar, la amenaza a ella y a su hijo. Drogo, furioso por el hecho de que se atrevan a meterse con los suyos, accede entonces a la petición de Viserys y lo corona, pero con oro líquido. Muere inmediatamente.

Bajo orden de Robert Baratheon, un hombre intenta envenenar a la joven, a la que un caballero nativo de Poniente salva por los pelos. Drogo, loco de rabia, decide partir a la conquista de los Siete Reinos y promete el trono de hierro a su futuro hijo. Para financiar este gran proyecto, saquea pueblos y ciudades. Durante uno de estos pillajes, Dany, a quien le repugna el comportamiento de los soldados, salva a una sacerdotisa de una violación. Para manifestar su gratitud, esta se ofrece para curar las recientes heridas de guerra de Drogo. En cambio, se las arregla para que la llaga se infecte con el fin de vengar a su pueblo. En respuesta a las súplicas de Dany, la sacerdotisa hace como que acepta salvarlo de la muerte con ayuda de la magia, pero se trata una vez más de una mentira. Dany, a punto de dar a luz, pierde la consciencia y comprende, al despertar, que la maga la ha traicionado. Su hijo nace muerto para permitir que su esposo se salve. Este último, sin embargo, ya no se mueve con la fogosidad que lo caracterizaba, sino que parece un muñeco de trapo, sin alma. Entonces Dany asfixia a Drogo y, en su hoguera funeraria, coloca a la sacerdotisa viva, así como los tres huevos de dragón. Mientras todo arde, ella penetra en las llamas. Una vez se ha extinguido el fuego, sus hombres la descubren intacta, rodeada de tres bebés de dragón.

ESTUDIO DE LOS PERSONAJES

Aunque *Juego de tronos* cuenta con más de cien personajes, aquí nos concentraremos únicamente en los que relatan la historia y que nos ofrecen su punto de vista sobre los acontecimientos que construyen la trama.

LORD EDDARD STARK

Eddard Stark, al que llaman Ned, de treinta y cinco años, es un hombre valeroso de cabello moreno y ojos grises. Su figura es dura y fría, típica de los hombres del norte. Es un hombre lleno de honor que antepone su deber a cualquier otra cosa, incluso si esto lo coloca en situaciones delicadas. Es el señor de Invernalia, el gobernador del norte y Mano del rey Robert Baratheon. Ned tiene una relación muy estrecha con este último, con el que pasó la juventud en Nido de Águilas como pupilo de Lord Jon Arryn. Hombre recto, execra a los charlatanes, los mentirosos y las artimañas de la corte, lo cual no lo predispone en absoluto a participar en las intrigas políticas. Experimenta una cierta aversión por los Lannister, en los que no tiene ninguna confianza. Con una relación muy estrecha con su familia, desea por encima de todo volver cerca de ellos al norte, pero el deber lo retiene en Desembarco del Rey.

LADY CATELYN STARK

Lady Catelyn Stark, con treinta y cuatro años, es la mayor de las hijas de Hoster Tully de Aguasdulces. Elegante, tiene el pelo caoba y los ojos azules de los Tully. Iba a contraer matrimonio con Brandon Stark, el hermano mayor de Ned, pero finalmente se casa con este último debido al fallecimiento de su prometido. Le da cinco hijos: Robb, Sansa, Arya, Bran y Rickon. El matrimonio concertado entre ella y Ned finalmente desemboca en el amor. Catelyn detesta a Jon Snow, el hijo bastardo de Ned, porque le recuerda la infidelidad de su esposo cada vez que posa la mirada sobre él. Es una mujer inteligente y decidida, así como una madre cariñosa.

BRAN STARK

Con siete años, Bran Stark es el segundo hijo de Ned y de Catelyn Stark. Como la mayoría de los hijos de esta familia, ha heredado el físico de su madre: pelo caoba y ojos azules. Pone a su lobo el nombre de Verano. Desde su más tierna infancia, adora escalar las torres de Invernalia, ya que esto le provoca un sentimiento de libertad. Aunque Bran sueña con llegar a ser un gran caballero, la caída que le causa una parálisis en las piernas hace trizas su ambición. Mientras está en coma, sueña con un cuervo de tres ojos que le promete que un día no muy lejano será capaz de volar.

SANSA STARK

Hija mayor de Eddard y de Catelyn, Sansa tiene once años. Heredera de la belleza de Lady Catelyn, posee un magnífico cabello caoba y grandes ojos azules. Muy dotada para los trabajos de aguja, el canto y la poesía, tiene todo para ser una perfecta lady. Además, nombra a su loba con este título. Sansa sueña con vivir una historia de amor como las que se cuentan en las canciones. Así, se entera con gran alegría de que la han prometido al apuesto príncipe de cabellos dorados Joffrey Baratheon, del que se enamora inmediatamente. Así de encantada camina hacia la capital, donde podrá vivir en la corte y asistir a los torneos. Por desgracia, aprenderá rápidamente, por ella misma, que la vida real está lejos de parecerse a las canciones.

ARYA STARK

Arya, la hija menor de Ned y de Catelyn, de nueve años de edad, tiene el comportamiento de un chico. Contrariamente a su hermana dos años mayor que ella, desprecia los trabajos de costura y las canciones de amor y prefiere los combates de espadas y las leyendas épicas sobre dragones. Además, utiliza el nombre de la heroína de una de estas historias para llamar a su loba: Nymeria. Junto a Jon, es la única niña Stark que posee los rasgos físicos de su padre: el cabello negro y los ojos grises. Por esta similitud, se ha preguntado durante mucho tiempo si no sería ella también una bastarda. Sueña con vivir aventuras y tiene una relación muy estrecha con su medio hermano, con el que comparte la frustración de estar limitada por su estatus: ella es una chica y él, un bastardo.

JON NIEVE

Hijo ilegítimo de Ned Stark y de una desconocida, Jon Nieve tiene catorce años. Para gran pesar de Lady Catelyn, es el único hijo de Ned que tiene los rasgos de su padre: pelo moreno y ojos grises. Aunque se lleva bien con todos sus medio hermanos, tiene una relación particularmente estrecha con Robb y con Arya. Sansa, en cambio, es distante con él desde que conoció el significado de la palabra «bastardo». Su lobo, Fantasma (*Ghost* en inglés), es un albino que encontraron apartado de la camada. Puesto que su estatus le prohíbe el acceso a la corte, se enrola en la Guardia de la Noche junto a su tío Benjen Stark, tras la marcha de Ned a Desembarco del Rey. Ahí pasa a ser el escudero del Lord Comandante, que, según algunos, desea formarlo para que sea su sucesor.

DAENERYS TARGARYEN

Daenerys Targaryen, llamada Dany, es la hija de Aerys Targaryen, lo que la convierte en la princesa legítima del trono de hierro. Exiliada en las Ciudades Libres con su hermano Viserys tras la muerte de su padre y de su hermano mayor Rhaegar durante la rebelión de Robert Baratheon, sueña con poder volver a Poniente. Con apenas trece años, posee los atributos físicos típicos de los Targaryen: ojos violetas y el cabello plateado. Casada a la fuerza con el dothraki Khal Drogo, se acostumbra a su situación, consigue ganarse el amor de su esposo y adopta las costumbres de su nuevo pueblo de adopción. Al final de la historia, se convierte en la madre de tres dragones cuyos huevos había recibido el día de sus nupcias.

TYRION LANNISTER

Tyrion Lannister, apodado el «Gnomo» a causa de su estatura, es el hijo pequeño de Tywin Lannister. Su enanismo provoca el desprecio de su padre así como el de su hermana mayor, la reina Cersei. En cambio, comparte una relación estrecha con su hermano Jaime, aprecia mucho a su sobrina

Myrcella y a su sobrino Tommen, pero execra al príncipe Joffrey. Tyrion tiene los cabellos dorados de los Lannister, ojos de distinto color (uno verde y otro negro), una gran cabeza y unas piernas torcidas que le dificultan el caminar. Dotado de un gran corazón, su regreso no le trae más que amigos. Ama la vida por encima de todo, con todo lo que esta le ofrece: vino, comida, mujeres, etc. Ayuda de buen grado a quienes lo pasan mal. Simpatiza así con Jon y lo ayuda a aceptar su bastardía, y después con Bran para el que diseña una silla que le permita montar a caballo a pesar de su paraplejia.

CLAVES DE LECTURA

CARACTERÍSTICAS DEL GÉNERO FANTÁSTICO

El género fantástico es propio de la literatura anglosajona y se basa en los cuentos, los mitos, el folclore, etc. Se sitúa en mundos paralelos, a veces de aspecto medieval, y los héroes suelen ser caballeros que combaten con espadas a monstruos legendarios como dragones. En ellos, también encontramos magia y, a menudo, pueblos como el de los elfos o el de los enanos. El género fantástico está compuesto de otros muchos subgéneros como el de fantasía heroica, fantasía oscura, fantasía romántica, etc. *Juego de tronos* se colocaría por su lado entre la alta fantasía y la fantasía medieval.

Aunque pertenece a este género literario, el primer tomo de *Juego de tronos* se aleja ligeramente de él al principio, por su lado realista: apenas vemos magia, los monstruos no son más que leyendas y los dragones desaparecieron hace muchos años. Sin embargo, al final de la historia, y aún más en los volúmenes siguientes, la magia aparece poco a poco en Poniente y, con ella, las amenazas más allá del Muro (gigantes, hombres lobo o caminantes blancos). Durante este tiempo, al otro lado del estrecho, en Essos, renacen los dragones gracias a Daenerys, la última Targaryen.

El autor pone en cuestión las bases del género fantástico con sus bellos héroes vestidos de blanco y sus monstruos servidores de las tinieblas. Prefiere la sutilidad de los personajes grises, buenos y malos al mismo tiempo, según la situación. Así, se divierte llenando la Guardia de la Noche, orden que cuida de la defensa del reino, de asesinos, ladrones y violadores vestidos de negro. Por el contrario, un personaje sin honor como Jaime Lannister es descrito como un apuesto hombre de cabello dorado, cubierto con su magnífica capa blanca inmaculada.

VARIOS NARRADORES PARA CONTAR UNA HISTORIA

Para desarrollar su relato, George R. R. Martin se sirve del entrelazamiento de los puntos de vista de diversos personajes que, según su posición en el continente, la casa a la que pertenecen o su edad, perciben elementos diferentes en los acontecimientos. Así, un mismo episodio puede contarse en diferentes ocasiones de forma sensiblemente diferente. La narración en tercera persona, regularmente entrecortada por los pensamientos del personaje (en cursiva), permite identificar los diferentes puntos de vista, así como las motivaciones de unos y otros, gentiles o malvados. Estos cortes en la trama revelan igualmente la extensión de los vastos continentes de Poniente y de Essos.

UNA REESCRITURA DE LA SOCIEDAD FEUDAL

En la saga de *Juego de tronos*, se entremezclan y se oponen varias temáticas recurrentes, Cuatro de ellas forman los pilares de la historia: el poder, la guerra, el honor y la familia. En efecto, en esta sociedad feudal, una gran parte del poder reposa sobre el número de vasallos que cada gran casa posee. Estos les sirven al mismo tiempo de recursos, cuando cultivan el campo o pagan impuestos, y de ejército, cuando un conflicto con otra casa empuja a un Lord a llamar a las armas a sus vasallos para partir en guerra.

Para que esta sociedad feudal pueda funcionar, el sentido del deber, del respeto a los votos de lealtad y a las promesas aparece como ineludible. De hecho, un señor apenas puede apoyarse en sus vasallos si estos no son dignos de confianza. Esta característica se evidencia con el personaje de Walder Frey, vasallo de Hoster Tully (el padre de Catelyn), que se niega a dejar atravesar su puente al ejército de Robb Stark si este no le promete beneficios a cambio (que se case con una de sus hijas, que se lleve a algunos de sus hijos como escuderos, etc.). Sin embargo, en tanto que vasallo, hubiera debido dejarlos pasar directamente, sin compensaciones. Así, a lo largo de toda la novela, el honor está en el centro de todas las reflexiones. Según los protagonistas y los acontecimientos, este prevalece o se deja de lado. Si Jaime Lannister es apodado el «Matarreyes», es porque faltó a sus votos de caballero al matar al rey Aerys, al que había jurado proteger. Por el contrario, es el honor lo que obliga a Ned a partir hacia Desembarco del Rey aunque desee quedarse con su familia. Asimismo, sus principios lo mueven a avisar a Cersei de que conoce su secreto y le aconseja huir con sus hijos.

El juego de tronos es un juego de poder en el que cada familia (Baratheon, Lannister, Targaryen, Stark, etc.) pretende jugar sus cartas lo mejor posible, ya se trate de fuerzas militares o políticas, con el fin de ganar la partida. Pero, en esta búsqueda de poder, son pocos los que se cargan de honor. Para ellos, vale cualquier jugada, asesinato, artimañas o incluso engaños, con tal de conseguir sus propósitos. Estos juegos de poder a los que se entregan los poderosos tienen, por supuesto, consecuencias para el pueblo: la principal es la guerra que devasta rápidamente el continente. Puesto que, mientras uno quiere apoderarse del trono, las tramas políticas no siempre son suficientes, a veces resulta necesario recurrir a la violencia, a riesgo de llenar el reino de fuego y sangre. Es así como, por ejemplo, Tywin Lannister no duda en levantar su ejército contra los Tully para vengar la afrenta sufrida por su casa durante la captura de Tyrion.

La familia es igualmente un elemento central de la historia por el que los personajes están dispuestos a poner en juego su poder, su honor o incluso su vida. Por ejemplo, para proteger a sus hijos, Cersei Lannister decide hacer que maten a Bran, al rey Robert y, por último, a Ned. También es para salvar a sus hijas, y no su propia vida, por lo que Ned acepta perjurarse y finalmente arrodillarse ante Joffrey. En un sentido más amplio, la familia es también la casa a la que un personaje pertenece, casa a la que debe hacer honor. Así, si Tywin Lannister desprecia a su hijo Tyrion es porque percibe su enanismo y su libertinaje como manchas nefastas para el nombre de los Lannister.

Por supuesto, estas diferentes temáticas están estrechamente ligadas y ciertas elecciones imponen abandonar uno u otro valor. Así, Jon, tras haber prestado juramento a la Guardia de la Noche, se ve enfrentado a la elección de respetar su votos quedándose en el Muro o de desertar con el fin de reunirse con su medio hermano que ha partido en guerra para salvar a su padre y a sus hermanas.

PISTAS PARA LA REFLEXIÓN

ALGUNAS PREGUNTAS PARA PROFUNDIZAR EN SU REFLEXIÓN...

- En *Juego de tronos*, ¿el honor y la familia son conciliables? Explíquelo.
- Según usted, ¿es justo acceder al poder si se adquiere sin honor? Explíquelo con la ayuda de ejemplos del libro.
- ¿Cuál es el rol de la mujer en este mundo controlado casi exclusivamente por hombres?
- Describa las diferentes figuras de la madre en esta historia (Catelyn, Lisa, Cersei). Explíquese con la ayuda de la novela.
- ¿Qué aporta a la historia el hecho de poner a los héroes en peligro real?
- ¿Es el amor el motor principal de la trama?
- ¿Podemos relacionar las crisis de Poniente (juegos de poder, guerras, etc.) con las de nuestro tiempo?
- Compare los personajes entre *Canción de hielo y fuego / 1* con la primera temporada de la serie de televisión.
- ¿Cómo explica usted el éxito de esta serie?
- Compare la trama de la novela con la de la adaptación al cómic.
- ¿Por qué se dice que el autor es «sádico»? Explíquelo con la ayuda de ejemplos del libro.

PARA IR MÁS ALLÁ

EDICIÓN DE REFERENCIA

- MARTIN G. R. R., *Juego de tronos*, traducción de Cristina Macía, Barcelona, Gigamesh, 2011.

ADAPTACIONES

La saga de *Juego de tronos* ha sido objeto de un gran número de adaptaciones: juegos de mesa, videojuegos, serie de televisión o incluso cómics. Las más famosas son:

- *Juego de tronos*, serie de cómics de George R. R. Martin, Daniel Abraham y Tommy Patterson, publicada mensualmente desde 2011.
- *Juego de tronos*, serie de televisión de Daniel Brett Weiss y David Benioff, con Sean Bean, Emilia Clarke, Nikolaj Coster-Waldau, Peter Dinklage, Michelle Fairley, Kit Harrington y Lena Headey, desde 2011.